AF438284

PROJET

D'UN EMPRUNT NATIONAL,

EN CONTRATS NÉGOCIABLES:

PROJET

D'UN EMPRUNT NATIONAL,

EN CONTRATS NÉGOCIABLES;

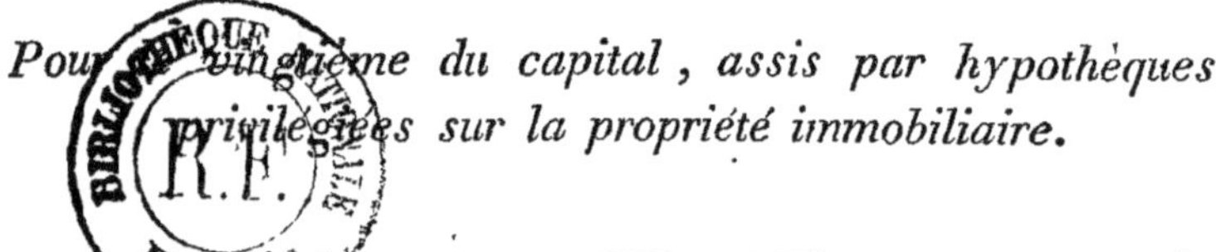

Pour un vingtième du capital, assis par hypothéques privilégiées sur la propriété immobiliaire.

IL est grandement question, de toutes parts, qu'en ce moment un fort emprunt et un papier-monnaie sont indispensables pour la France. Je crois aussi qu'il nous faut un papier; mais qu'il ne doit point avoir un cours forcé, et que, pour réussir dans cette mesure, il faut agir avec toute la circonspection possible, et après les plus mûres méditations.

Ce seul mot de papier-monnaie effraie tout le monde. Rappelons-nous que les assignats furent très-utiles et finirent par être désastreux.

Les mandats, qui leur succédèrent, furent morts-nés. Profitons de l'expérience. Convenons que, quel que soit le titre d'un nouveau papier, si son gage n'est pas très-certain, si la somme mise en émission, si son mouvement ou sa circulation n'est pas en harmonie avec l'intérêt de tout le monde, l'agiotage, habile à profiter de tout, lui imprimera de suite un discrédit (1). Si on lui donne un cours forcé, ce sera pis encore : le Gouvernement lui-même n'aura plus son revenu

---

(1) Le ministre des finances se livrera-t-il au jeu de la bourse pour soutenir le crédit de ce papier? Je ne le pense pas; car alors ne serait-il pas permis de le comparer à un régisseur de grands domaines, qui, sous le spécieux prétexte

intégral. Fera-t-on revivre la loi du *maximum* ? Mais le laboureur ne travaillera bientôt plus que pour son strict nécessaire. Demandera-t-on un emprunt en argent aux propriétaires ? Mais cette mesure serait intempestive pour le Gouvernement, dans un instant où le numéraire est extrêmement rare et très-cher. Parti ruineux pour les propriétaires qui, par la stagnation du commerce, ne peuvent vendre leurs denrées qu'à vil prix ; aussi la plupart, pour ne pas dire tous, sont-ils dans l'impossibilité mathématique de payer même leurs contributions ordinaires, outre qu'ils sont extrêmement fatigués de fournir, pour les armées alliées, des réquisitions d'argent et de denrées de toute espèce, qu'ils sont obligés d'acheter s'ils ne les ont pas. Et ce serait dans un tel moment de souffrances et de dévastations, où presque tous ont plutôt besoin de secours, qu'ils n'ont le moyen de faire la plus légère fourniture à qui que ce soit ; ce serait, dis-je, dans un tel moment de calamités qu'ils seraient contraints de satisfaire à tant de demandes urgentes et impératives, telles que

1°. Les contributions ordinaires et extraordinaires des armées alliées ;

2°. Les réquisitions exorbitantes de toute-espèce de denrées et marchandises pour la nourriture et l'entretien de ces mêmes armées ;

3°. Pour dépenses en réparation de bâtimens ruraux dévastés, de bestiaux enlevés ou mangés, etc., etc., etc.

4°. Enfin, et pour comble, un fort emprunt ?

On le répète, c'est leur demander l'impossible.

En dernière analyse, si vous voulez que le propriétaire vous prête, facilitez lui en les moyens.

Eh bien ! ces moyens sont dans le Projet que je vais offrir ; bien

---

d'augmenter les revenus de son maître, prendrait sur lui de porter au jeu le produit des baux au risque de tout perdre ?

Laissons aux gouvernemens particulièrement mercantiles le jeu de bourse qui se lie chez eux aux principaux élémens du revenu public. En France, pays essentiellement agricole, les revenus de l'État ne doivent point s'écarter de leur source ; comme elle, ils doivent être d'un clair tellement limpide, qu'ils ne laissent apercevoir que la bonne foi.

q· il y soit question d'un papier-monnaie (mais c'est un papier de confiance d'une invention nouvelle), il n'en coordonne pas moins tous les intérêts, les concilie tous, et ce doit être là le but unique du législateur.

Je vais en proposer de deux sortes pour les deux cas ; bien qu'ils reposent l'un et l'autre sur le même gage, ils sont distincts dans le mode d'établissement comme dans l'usage. L'un aurait pour but de remplir les vues du Gouvernement, dans la supposition où il ferait un emprunt pour faire face aux dépenses de l'État ; l'autre est destiné à seconder les rapports entre particuliers, en suppléant au défaut de numéraire.

Quand la patrie est frappée de tant de calamités à-la-fois, chacun doit unir ses efforts a ceux du Gouvernement, pour l'aider à nous tirer de la crise où nous sommes. Eh ! qui doit y être plus intéressé que le propriétaire ? Aussi, n'en doutons pas, tous les propriétaires amis de leur patrie souscriront, à mon exemple (1), avec enthousiasme à cet appel patriotique ; et s'il en était quelques-uns assez égoïstes, assez aveuglés pour chercher à s'y refuser, la loi doit les contraindre : quelque rigoureuse qu'elle puisse paraître à leurs yeux, elle sera justifiée par cet axiome : *Le salut de l'Etat est la suprême loi !*

Mais il me sera facile de leur expliquer que cette mesure, aussi douce que simple dans son exécution, est, sous tous les rapports, dans l'intérêt même du propriétaire. Avant de développer cette proposition, il convient de s'occuper de l'intérêt public, et je regrette de ne savoir mieux me faire comprendre que sous la forme du projet d'une loi, indispensable pour parvenir au grand résultat proposé, tel en un mot qu'il s'est présenté à mon imagination.

PROJET DE LOI POUR L'EMPRUNT NATIONAL.

Art. Ier. Tout propriétaire d'immeubles situés en France, quelle qu'en soit la nature et à quelque titre qu'il en jouisse, payant au moins 100 francs d'impôt foncier, sur une seule propriété ou par la réunion

---

(1) Et je ne suis pas un des moindres propriétaires de mon département.

de plusieurs dans le même arrondissement, est tenu, par lui-même ou par un fondé de pouvoir, de souscrire, conjointement avec le conservateur des hypothèques et le contrôleur des contributions dudit arrondissement, des obligations à l'ordre du ministre des finances, en coupures de 500 francs au moins, et de 1000 francs au plus, jusqu'à la concurrence du vingtième du capital de ses propriétés existantes dans ledit arrondissement. Ce vingtième sera calculé sur l'impôt foncier existant, d'après la base, centimes additionnels non compris.

Art. II. Si un propriétaire, ou son fondé de pouvoir, ne se présente pas dans le mois, à dater de la promulgation de la loi, pour souscrire les obligations exigées, il sera créé sur ses propriétés, par le conservateur des hypothèques et le contrôleur de l'arrondissement, conjointement, une obligation en la même forme, et qui n'en sera distinguée que par le mot *assignation*. Cette assignation, au lieu d'être du vingtième du capital de la propriété, devra être, pour ce cas, du quinzième, et cette *assignation* vaudra, pour le tiers-porteur, ce qu'elle vaudrait si elle était souscrite par le propriétaire même. Elle ne pourra avoir ni plus ni moins d'un an de date, et ne portera aucun intérêt.

Art. III. Ces obligations ou assignations seront, par le conservateur des hypothèques de l'arrondissement où sont situés les biens, inscrites sur un registre ouvert *ad hoc*; et cette inscription prévaudra par première hypothèque d'ordre de date et de rang, à l'exclusion de celles qui pourraient exister sur la propriété; sans néanmoins que celle qui sera prise au profit de la nation intervertisse l'ordre qui existait entre les inscriptions antérieures à celle-ci.

Art. IV. Ces obligations ou assignations ayant un an de date, si, à leur échéance, le propriétaire ne peut ou ne veut pas en rembourser le montant au tiers-porteur d'ordre, il a la faculté de les renouveler, toujours sans frais, pour autant de temps et autant de fois qu'il le voudra, jusqu'à ce qu'enfin le Gouvernement ait la possibilité de les acquitter lui-même, et de lui rendre alors son titre acquitté, par les mains du conservateur des hypothèques du lieu où il les aura souscrites; lequel au même instant lui délivrera, toujours sans frais, certificat de radiation de l'inscription prise sur l'immeuble qui servait de gage à cette obligation. Cependant, et jusque-là, le Gouvernement paie, et fait payer par le conservateur ou par le receveur des impositions du lieu, au tiers-porteur ou preneur de l'obligation, les intérêts par avance, à raison de 4 pour cent par an, ainsi de suite à chaque renouvellement; de manière que le propriétaire, souscripteur de l'obligation du prêt, n'ait jamais dans ces mutations que sa signature à donner.

Art. V. Lorsqu'un propriétaire voudra acquitter et retirer son obligation de la circulation, conséquemment avancer, par le fait, au Gouvernement, cette somme en numéraire, le conservateur des hypothèques du lieu le portera à l'instant créancier de l'Etat, en somme intégrale, sur un registre *ad hoc*, et le Gouvernement lui tiendra compte de l'intérêt à 5 pour cent net par an, et les lui fera payer tous les ans, par coupures de 5o francs au plus, en mandat du conservateur sur le receveur des contributions, et celui-ci sera tenu de les recevoir, comme numéraire, en paiement de contributions. La même faculté sera accordée à tous ceux, autres que la banque de France, qui seront porteurs de ces sortes d'obligations.

Il en sera de même pour celui qui, au lieu de souscrire ses obligations, préférera faire en numéraire son prêt du vingtième exigé, et le verser dans le même délai voulu ès-mains du receveur d'arrondissement ou au trésor public. Il lui en sera délivré récépissé motivé pour l'emprunt national, à vue duquel il sera, par le conservateur des hypothèques du lieu de l'immeuble qu'il aura voulu affranchir, inscrit sur le registre *ad hoc* mentionné au présent article.

Art. VI. Celui qui possède plusieurs immeubles dans le même *arrondissement*, pour ne pas les grever tous, pourra réunir ses obligations du vingtième sur une seule propriété, pourvu toutefois que cette propriété soit libre de toute inscription et hypothèque, même légale, et que, par la réunion de ces vingtièmes, leur montant n'excède pas les deux tiers du capital de la valeur de la propriété, valeur toujours calculée sur la base de l'impôt foncier.

Art. VII. En cas de vente ou mutation quelconque, même de division ou partage d'une propriété grevée du prêt, comme cette prestation est nationale, il ne pourra rien être dérogé à l'égard de son gage, et le ou les ayant droit sont tenus de souffrir et desservir, l'un d'eux pour eux tous, de la même manière que le possesseur précédent, sous les peines mentionnées à l'art. VIII de la présente loi.

Art. VIII. Le propriétaire qui a souscrit les obligations, comme celui qui en a souffert l'assignation voulue par la présente-loi, qui se refuserait à la renouveler à l'échéance, et un mois après pour tout délai, par cela même sera assimilé aux négocians pour le fait dont il s'agit; et passible d'être assigné par-devant le tribunal de commerce du lieu, pour se voir condamner, et même par corps, à payer et rembourser en numéraire le montant de l'obligation ou assignation, et aux frais de poursuites. Etant ainsi acquitté, et après en avoir justifié au conservateur, celui-ci le portera, sur son registre, créancier de l'Etat, conformément aux articles 4 et 5 de la présente loi.

Art. IX. Comme le prêt est fait à la nation, la nation est et demeure toujours première débitrice de ces obligations, tant du capital que dés intérêts, jusqu'à parfait remboursement. Les intérêts ne se joignent point au capital, non-seulement parce que l'obligation n'en porte aucun, et qu'ils sont isolés l'un de l'autre, mais parce que la nation ou le Gouvernement a soin de les faire payer dans les deux cas posés, savoir : dans le premier, à quatre pour cent au porteur de l'obligation, tant que le propriétaire souscripteur veut la laisser en circulation ; dans le deuxième cas, à cinq pour cent, quand le propriétaire l'a retirée de la circulation, et que, par le fait de son acquittement ou de son prêt en numéraire, il s'est rendu créancier de l'Etat, ou enfin quand le porteur a voulu la convertir en inscription, pour lui-même, conformément à la faculté donnée à chacun d'eux par l'art. 5.

Quant au capital, la nation s'engage à le rembourser, et à faire cesser ce nouvel ordre de choses, commandé par des circonstances impérieuses ; et ce, immédiatement après la paix, soit par les économies que le Gouvernement pourra faire alors, soit par la vente des terrains et bois communaux ou nationaux ; lesquelles propriétés sont dès à présent le gage du gage fourni par les propriétaires actuels ; et cette libération commencera à s'opérer, par préférence, sur les plus petites sommes dues par l'effet de cet emprunt.

De la forme des contrats.

Il sera créé par le Gouvernement des contrats en forme de lettres de change à souche. Ils seront numérotés par séries de 500 francs et de 1000 fr., sans intérêt; ils porteront en tête et pour titres distinctifs, ces mots : Contrat négociable. *Prêt national en vertu de la loi du.....* Ils porteront la désignation : 1°. du département où ils doivent être souscrits; 2°. celle de l'arrondissement ; 3°. celle du canton ; 4°. de la commune où est situé l'immeuble ; 5°. enfin le nom du domaine, si c'est un bien rural, ou le nom de la rue et le numéro de la maison. (Ils auront un an de date.)

Les conservateurs des hypothèques et les contrôleurs des contributions, dans leur arrondissement respectif, certifient et signent, sous leur responsabilité personnelle, que lesdits contrats négociables, ou *l'assignation* dont ils ont frappé un immeuble, le sont conformément au vœu de la loi.

Il leur sera donné à cet effet, par le ministre des finances, des pouvoirs et des instructions.

De l'usage de ces contrats entre les mains du Gouvernement.

Nul doute que le Gouvernement ne puisse se libérer avec équité envers ses créanciers. Avec un pareil signe représentatif, il pourra d'autant mieux se procurer ce dont il aura besoin, qu'il est transmissible comme une lettre de change, et soumis aux mêmes lois ; mais on a pensé que l'entremise de la banque de France serait encore utile à cette grande opération, et qu'elle serait pour elle d'un grand intérêt. C'est donc pour ce double motif d'intérêt qu'on en suppose l'union, et c'est dans cette supposition qu'on a indiqué les dispositions suivantes:

1°. La banque de France sera autorisée à créer de ses billets pour la somme de...... Ces nouveaux billets porteront ces mots : *Signe représentant un contrat négociable de pareille somme provenant de l'emprunt national.*

2°. La banque de France sera pareillement autorisée à ouvrir un

crédit aux contrats négociables créés par et pour le compte des particuliers. Elle les échangera contre ses propres billets, qu'elle sera
pareillement autorisée à creer à cet effet pour une somme déterminée, et uniquement destinée à cet emploi. Cette troisième espèce de
ses billets sera distinguée des autres par ces mots : *Billet représentant un contrat volontaire négociable de pareille somme, créé par
la loi du.....*

3°. La banque de France ouvrira un comptoir dans chaque chef-
lieu d'arrondissement du royaume, à l'exception de ceux où elle en a
déjà ; elle y fera parvenir de ces billets nouvellement créés. Ces billets
seront échangés contre des contrats négociables créés dans ledit arrondissement, en valeur égale, et sous l'escompte de 4 pour 100 par
an. Ces contrats négociables, passés en ses mains, resteront en dépôt
dans la caisse du comptoir établi dans chaque arrondissement où ils
auront été créés.

4°. Le comptoir de la banque continuera d'échanger ses propres
billets contre du numéraire à tout requérant, à défaut contre des contrats négociables.

5°. La banque étant au droit cédé par le Gouvernement sur ces
contrats négociables, ou par tout autre porteur d'ordre, en fera opérer
le renouvellement par le propriétaire à l'échéance, conformément à
l'art. 4 du projet de loi, dans le cas où celui-ci ne voudrait pas l'acquitter ; et en cas de refus de sa part de faire l'un ou l'autre, elle en pour-
suivra le remboursement à leur requête, conformément à la faculté
accordée par l'art. 8 du présent projet de loi.

Le Gouvernement établira un bureau dans chaque chef-lieu d'arrondissement, dont les conservateurs des hypothèques et les contrôleurs des contributions seront les chefs. Ils établiront une comptabi-
lité de leurs opérations, correspondront directement avec S. Exc. le
ministre des finances, et recevront, pour frais de bureau, une aug-
mentation de traitement analogue à l'importance de leur travail ; ils
rendront un compte exact de leurs opérations tous les mois. Ils seront
inspectés et vérifiés par les vérificateurs de l'enregistrement.

(9)

*Motifs qui ont déterminé l'auteur à proposer cet emprunt national,
et le projet de loi qui en est la conséquence.*

SUR SON ENSEMBLE.

Je le répète, mon opinion s'accordant en cela avec les bruits publics, est que, dans la cruelle position où se trouve la France, elle a
besoin de faire sur elle-même un emprunt d'environ 600 millions (1).
Réduite à ses propres ressources, le choix des moyens n'est pas grand.
Je n'ai entendu parler que de trois; le premier, par la vente des propriétés nationales; mais celui-ci serait trop lent et extrêmement oné-
reux dans la circonstance (2). Le second, par un emprunt en numé-

____

(1). Je pense que le vingtième du capital, qui est une année du revenu, suffi-
rait pour produire 600 millions; voici la base de mon calcul :

On sait que l'impôt du revenu net foncier est assis sur le cinquième; on nous
a toujours dit qu'il produit 200 millions; ce qui suppose un revenu d'un milliard.
Or, en retranchant toutes les cotes au-dessous de 100 fr., on a été fondé à penser
que l'emprunt ne pèserait guère qu'à peu près sur les 6 dixièmes du revenu évalué
à un milliard.

(2) Je ne puis taire la satisfaction que j'ai éprouvée en voyant adopter, en
1814, pour l'aliénation des forêts nationales, le principe que j'avais établi dans
un imprimé publié en 1805. Je me suis réjoui avec tous les amis de l'ordre de
l'heureuse innovation introduite par S. Exc. le ministre des finances dans le mode
des enchères. Toutefois on m'a assuré que, malgré cette précaution, des ventes
ont eu lieu à une très-grande perte pour le trésor, par suite de l'estimation des
forêts. C'était inévitable; à la seule inspection du fond du plan, il fallait s'attendre
à perdre beaucoup, soit sur la vente des bois, soit sur les bons royaux. Ils ont perdu
l'un et l'autre. Je l'avais prévu, et j'avais indiqué le moyen de s'en garantir, dans
un autre imprimé, que j'eus l'honneur de remettre à S. M. le 1er. août 1814.
S. Exc. daigna m'en faire accuser la réception; mais il est à présumer qu'elle
ne l'aura pas lu. L'évènement, en effet, prouve que le mode des enchères ne
remédiera à rien; si l'estimation est très-basse, toutes les précautions du vendeur
viendront se briser contre le calcul de l'acheteur. C'est ici le cas de répéter cet
axiôme connu, « que c'est toujours la quantité de marchandises à vendre au
» marché qui en détermine le prix relativement à la quantité d'acheteurs. »

2

raire. J'ai répondu à ce moyen dans la première page de mon projet. Le troisième, dans la demande de trois années de revenu sur la propriété ; et à cet effet le propriétaire serait tenu de souscrire des cédules hypothécaires remboursables au bout de trois ans. J'ai regardé ce troisième moyen comme ruineux pour le propriétaire, qui d'ailleurs se verra dans l'impossibilité d'y satisfaire, soit qu'il ne puisse vendre ses denrées dans un temps où l'industrie manufacturière et le commerce sont anéantis, soit que l'extrême rareté du numéraire le force de vendre à vil prix. On a calculé que le Gouvernement aurait à perdre plus de 200 millions pour convertir en espèces 600 millions de cédules hypothécaires. Il fera une perte au moins égale sur la vente des forêts nationales, dont le produit est affecté au remboursement de ces 600 millions de cédules ; d'où il résulte évidemment qu'on sera forcé de vendre pour 1200 millions de propriétés nationales, afin de se procurer 600 millions d'écus. Ainsi l'on fera perdre, d'un trait de plume, 600 millions à la nation. N'est-elle pas déjà bien assez malheureuse ? Il ne reste à l'Etat qu'une faible ressource en ce genre ; sachons en tirer tout le parti possible.

Sans m'occuper de vérifier l'exactitude de ces calculs, qu'on ne peut taxer d'exagération, j'ai imaginé le projet que je propose ; il ne présente aucune perte, conséquemment il offre un bénéfice aux contribuables ; et avant que je m'occupe de le développer, on peut déjà juger qu'il est extrêmement facile dans l'exécution, puisque les propriétaires n'ont, à proprement parler, que leur *signature à prêter ;* que s'il est extrêmement avantageux au Gouvernement, il l'est déjà pour eux sous ce premier point de vue, car ce sont toujours eux qui paient les fautes et les erreurs qui se font en finance ; mais il le sera bien davantage quand, par l'ensemble de ses combinaisons, il vivifiera toutes les branches d'industrie, caressera tous les intérêts, les maintiendra tous dans de justes bornes, et n'en froissera aucun. Pour obtenir tant d'avantages réunis, il me semble que le Gouvernement et les représentans des deux Chambres n'ont qu'à le vouloir. On jugera peut-être comme moi, qu'une loi qui établirait en principe que dans aucun cas ni dans aucune circonstance le Gouvernement ne devrait ni ne pourrait faire 'd'emprunt que sur ce gage, et d'après de pareilles bases, serait pour l'avenir un grand obstacle aux dilapidations de nos finances.

Motifs sur chacun des articles du projet de loi.

Sur l'article premier : 1°. La condition forcée? parce que l'égoïste veut l'être. 2°. Payer au moins 100 francs d'impôt? parce qu'il ne m'a pas paru convenable d'atteindre le petit propriétaire, et qu'il faut, d'après la base donnée, payer 100 francs d'impôt pour pouvoir exiger une obligation de 500 francs. 3°. Pourquoi à l'ordre du ministre des finances? parce que le prêt est fait au Gouvernement, et qu'il peut être cédé comme une lettre de change dégagée des formes d'un contrat. 4°. Pourquoi souscrits par-devant et par les conservateurs des hypothèques et les contrôleurs des contributions? parce qu'ils savent ce qu'une propriété a de valeur, et ce qu'elle paie d'impôt; comme fonctionnaires publics, leur signature étant ajoutée à l'acte obligatoire, ôte nécessairement tout soupçon de fraude à cet acte. L'endossement du cédant sera de rigueur pour garantir de la contrefaçon; en un mot, ils seront tous responsables de leur fait, comme d'une lettre de change.

L'article 2 répare la négligence du propriétaire réfractaire à la loi, et la condition de la surtaxe n'est qu'une peine apparente de sa désobéissance : on sent que cette précaution de l'assignation évite du retard, des difficultés, et dispense d'autres mesures à prendre pour que la loi soit exécutée d'une manière égale pour tous, et que l'emprunt se remplisse avec promptitude.

L'année d'échéance pour ces sortes de contrats donne plus souvent au propriétaire l'occasion de dégrever sa propriété : un plus long terme ne convient ni aux opérations de banque, ni au commerce.

Sur l'article 3. L'hypothèque privilégiée, accordée à ces contrats à l'exclusion de celles qui peuvent exister, a deux causes déterminantes : la première est, qu'attendu qu'il est des propriétaires qui ne le sont que de nom, parce que leurs propriétés sont souvent plus grevées qu'elles ne valent, la loi aurait manqué son but, si l'on agissait autrement ; d'ailleurs un emprunt national, et de cette nature, doit, ainsi que le veut la justice, frapper particulièrement sur la fortune ; et dans le cas particulier, ce n'est pas celui qui possède le domaine en titre qui est le riche ; d'ailleurs, on ne lui fait pas plus de tort qu'au véritable propriétaire; on ne lui fait, on ne lui prend rien qui puisse le priver même des intérêts auxquels il a droit, puisque le Gouvernement les paie ; d'ailleurs encore, pourquoi et depuis quand la propriété d'un contrat serait-elle plus inviolable que la propriété d'un domaine ou d'une maison ? En supposant, ce qui ne peut arriver, qu'un hypothécaire fût évincé par l'effet de cette nouvelle hypothèque, ne deviendrait-il pas créancier d'autant sur le Gouvernement ? Mais ce cas, on le répète, ne peut pas se rencontrer, puisque c'est la propriété qui doit le nouveau contrat. Et que doit-elle ? rien par le fait, puisqu'il peut se renouveler éternellement, sans intérêt, sans frais, ou puisqu'on peut là dégrever en acquérant un contrat que la nation a déjà garanti, qu'elle promet d'éteindre sous peu de temps, et qu'elle a en sa possession plusieurs moyens d'atteindre ce but.

La deuxième est pour le plus grand crédit de ces sortes de contrats, et par la raison que tout ce qui est destiné au commerce doit être dégagé d'entraves et de toute longue discussion.

L'article 4 vient à l'appui de ce qui vient d'être dit.

L'art. 5 fait connaître qu'on peut remplir ce prêt de plusieurs manières, pour la facilité du propriétaire prêteur, et que celui qui aimera mieux le faire en numéraire que de voir sa propriété grevée d'hypothèque, a tout le temps qu'il veut pour y réfléchir et s'en procurer les moyens ; pour mieux le déterminer à prendre ce parti, et à se rendre par-là créancier de l'Etat, j'ai jugé nécessaire, autant que juste, que le Gouvernement lui payât 5 pour 100 d'intérêt, quoiqu'il ne lui en coûte que 4 à la banque de France, et que cet intérêt de 5 pour 100 lui fût payé sur les lieux mêmes, par un bon applicable à l'acquit de ses impositions. En accordant cette facilité à tout porteur de ces contrats, c'est lui assigner le choix des deux gages, avec l'appât de 1 pour

100 de plus pour tout autre porteur que la banque de France, parce qu'elle ne doit point détruire l'existence des contrats négociables , puisqu'ils sont le premier gage de ses billets, dont ils ne sont que la représentation première. Ce parti n'a été imaginé que pour le cas où un particulier aurait versé de l'argent à la banque contre ces sortes de contrats, ou que la banque se serait trouvée dans la nécessité de le lui relâcher, faute de numéraire, en échange de ses propres billets : et comme le Gouvernement ne donne que 4 pour 100 d'intérêt sur les contrats négociables, on lui en offre 5, s'il lui plaît de changer son titre, qui est le contrat négociable, contre celui de créancier de l'Etat. Ces mutations, présumables au moins pour une partie, indiquent que le Gouvernement doit veiller à ce que la banque ne crée et ne mette de ses billets en circulation, ou n'y en laisse que la quantité représentée pour la somme de contrats qu'elle aura en porte-feuille.

Sur l'article 6. On a pensé qu'on devait accorder cette faculté à celui qui a plusieurs propriétés , en ce qu'elle n'entravera pas autant l'opération . le gage des contrats n'en sera pas moins certain sur les deux tiers de la valeur de l'immeuble, que sur le vingtième, parce que, encore une fois, ce gage n'est pour ainsi dire que fictif, puisque le contrat n'est point remboursable sur l'immeuble qui lui sert de gage, et qu'il n'est pas même chargé des intérêts de ce contrat ; et pour compenser la différence des autres qui ne portent que sur le vingtième, il est dit que dans ce cas-là il faut que l'immeuble soit absolument libre de toute hypothèque, même légale, et que c'est la nation qui doit acquitter le capital et les intérêts, d'après l'art. 9.

L'art. 7 prévient les cas possibles du changement ou de la division d'une propriété grevée, de manière que le contrat négociable ne gêne en rien les mutations qui peuvent avoir lieu, ne nuise en rien à la validité du contrat dont elle est le gage, pas plus que si c'était un contrat ordinaire. Au surplus, la réponse faite aux autres objections, que cette condition ne nuit à l'intérêt de personne, leur est pareillement applicable.

Sur l'art. 8. Quelque rigoureuses que puissent paraître ces dispositions , elles sont de toute nécessité pour des valeurs destinées au commerce ; car le commerce veut des lois et des moyens dont l'action, comme le mouvement de ses capitaux, soit aussi prompt que ses opérations. D'ailleurs , il faudrait que l'obligé à renouveler ce contrat fût bien malade ou plein de mauvaise volonté, puisque, pour se garantir de la sévérité des poursuites indiquées dans la loi , il n'a qu'à se présenter ou se faire représenter chez le conservateur des hypothèques de son arrondissement , pour *signer* un nouveau contrat , et par cette raison retirer l'autre ; et observons qu'il lui est accordé un mois pour remplir cette formalité.

Sur l'art. 9. Cet article m'a paru le complément de la foi due au succès de cette grande opération , utile sous tant de rapports. On ne prétend point qu'il ne puisse être ajouté ni retranché à cet article comme à tous les autres : on ne peut se flatter d'avoir tout prévu ; heureux déjà si le fond de ce projet , fait à la hâte , peut pénétrer (comme son auteur en est convaincu) les hommes investis du pouvoir de prononcer tous les avantages qu'il offre à la patrie et à tous les Français ; car indubitablement cette alliance immédiate des fortunes , dont la loi formerait le nœud , ne pourrait qu'en augmenter la prospérité , et ajouter à la force du Gouvernement.

Des avantages pour le propriétaire dans cet emprunt.

Le premier de tous, pour lui , c'est qu'en aidant le Gouvernement il s'aide lui-même.

Le second est de se prêter aux moyens que le Gouvernement doit employer pour emprunter (du propriétaire) par les voies les plus douces et les plus économiques , parce qu'en définitif, c'est toujours ce dernier qui en paie la folle enchère. Mais le plus grand mal pour le propriétaire, quel qu'il soit, naît de la rareté du numéraire ; et de cette rareté, le taux excessif de l'argent : alors l'équilibre est perdu , les propriétés sont avilies , l'industrie rurale et manufacturière paralysées , et le commerce souffrant.

Alors les denrées ne se vendent pas, ou se vendent très-peu, et ce peu n'est qu'à un vil prix. Le fermier ne peut payer, et la plupart des propriétaires de biens ruraux, comme ceux de maisons, n'étant pas payés, parce que tout est paralysé, sont dans un tel état de gêne, qu'à peine ils peuvent payer leurs impositions : la cruelle expérience s'en est faite de nos jours. Or, comme le projet tend à faire sortir forcément, pour ainsi dire, le numéraire caché, et à le tenir au taux raisonnable de 5 pour 100 dans le commerce, il lui rendra la vie à l'intérieur, ainsi qu'aux manufactures et à l'industrie rurale ; tout reprendra vigueur, et l'équilibre se rétablira ; tout se vendra un prix raisonnable, s'achètera, se paiera et se consommera. Le propriétaire, en se prêtant à cette grande opération, verra qu'il a bien agi dans son intérêt, tout en faisant le bien de tous : d'où je conclus qu'étant bien pénétré de tous ces avantages, loin de s'y laisser contraindre par une loi, il devrait s'offrir comme moi.

Je sens que l'idée que je me suis faite de faire sortir pour ainsi dire forcément le numéraire de sa retraite, et de le maintenir au taux de 5 pour 100 dans le commerce, a trop le caractère d'un beau rêve, surtout dans les circonstances pénibles où nous nous trouvons, pour me dispenser de l'expliquer à beaucoup de monde, quoiqu'elle s'explique d'elle-même, puisqu'elle est puisée dans l'intérêt des hommes et dans la nature des choses.

L'argent ne se cache que dans les momens de crise, parce que les crises d'un état bouleversent les fortunes, et que celui qui a des capitaux dans ces temps de malheurs publics, les cache dans la crainte de les compromettre. Ces capitaux sont entre les mains d'hommes qui ont deux façons de penser et d'agir différentes ; l'un, qu'on distingue par capitaliste honnête, et l'autre, par capitaliste usurier. L'un et l'autre ne sont ni tranquilles, ni contens de tenir caché un argent qui ne leur rapporte aucun intérêt. Donc on peut croire, comme moi, avec fondement, quant au premier, qu'ayant à côté de lui un contrat négociable, assis sur un gage certain qu'il a sous les yeux, et dont il touchera les intérêts d'avance, il pourra vivre et dormir tranquillement sur son titre en le mettant sous son oreiller ; contrat qui, par cela même qu'on lui a donné la forme et les prérogatives d'une lettre de change, convient à tout le monde mieux que de l'argent, puisque l'intérêt profite à celui qui le possède, ne fût-ce que vingt-quatre heures ; contrat que tant de motifs feraient rechercher de tout le monde. N'est-il donc pas bien présumable que ce capitaliste honnête sera bien content si la banque de France veut le lui céder à 4 pour cent? Quant au second, il suffit qu'il s'aperçoive qu'on peut se passer de ses espèces pour qu'il se hâte de les faire sortir. Voudra-t-il les placer plus haut que le taux de 5 pour cent dans le commerce ou ailleurs? mais il trouvera répandu partout dans la circulation, et en concurrence avec ses écus, soit le papier de la banque échangé contre les contrats provenant de l'emprunt national, soit les contrats créés pour l'intérêt particulier dont nous allons parler ; et si ceux-ci ne suffisent pas au mouvement des affaires, M. le directeur du comptoir de la banque, à portée de bien connaître les besoins et la solvabilité de chacun escomptera à 5 pour cent toutes les bonnes valeurs qui lui seront présentées. Le numéraire ne manque pas, il n'est que caché, et je crois fermement que j'ai trouvé le moyen de le rendre à la circulation ; je vais plus loin, et je me plais à le croire, il ne serait pas surprenant que nos voisins, chez qui le numéraire est très-abondant, au point que son taux est rarement au-dessus de 3 pour cent, dans ce moment surtout où le commerce est partout en stagnation à cause de la guerre ; il ne serait pas surprenant, dis-je, qu'ils vinssent prendre part à un système qui offre une si forte garantie ; en sorte qu'on pourrait l'appeler *nouveau moyen de battre monnaie.*

L'adoption de ce projet se lie à des vues politiques.

J'ai lu, dans un mémoire très-répandu, qu'en France il n'y a point d'esprit national, et que ce qui doit l'enfanter chez nous, « ce doit être » l'amour du sol qui nous a vus naître. » Or, combien cet amour pour notre sol, qui est déjà notre première richesse, n'augmentera-t-il pas,

si, en en mobilisant une petite partie, nous en faisons une source inta-
rissable de richesse?

Il dit ailleurs : « En Angleterre, toutes les fortunes particulières
» sont liées à la fortune publique. Chacun est puissamment intéressé
» à ce que celle-ci n'éprouve jamais d'ébranlement sensible ; par
» conséquent, la grande majorité de la nation est nécessairement pour
» le Gouvernement. »

Eh bien, comme ce projet attache toutes les fortunes particulières
à notre sol, et que notre sol est plus lié par le fait à la fortune publique, il faut en conclure *que chacun sera* puissamment intéressé à *ce
que celle-ci n'éprouve jamais d'ébranlement sensible; que par conséquent aussi la grande majorité de la nation sera nécessairement pour
le Gouvernement.* Je dirai plus , ce système tendant à établir le Gouvernement comme premier régulateur de la direction des fortunes,
en maîtrisant le taux de l'intérêt de l'argent, c'est faire faire à la nation
un grand pas vers la moralité. En effet , un des grands malheurs publics , dans le cours de notre révolution, naquit de la loi qui rendait
l'argent marchandise. Je veux bien croire que le législateur y fut con-
traint par la force des circonstances ; mais c'est une raison de plus
d'aviser aux moyens d'empêcher qu'elles ne se reproduisent; car, si
l'on n'y prend garde, nous sommes à la veille d'y retomber. Juge
à cette époque, au tribunal de commerce de Châlons-sur-Saône, je
fus plus à portée que bien d'autres de m'apercevoir des effets désastreux de cette loi; aussi fus-je le premier, je crois, à en solliciter le
rapport dans un écrit adressé au chef du Gouvernement en 1805, écrit
dans lequel j'indiquai les moyens (dont le principe est le même que
celui que je donne aujourd'hui, avec la différence que ce n'était pas
un emprunt, mais une simple autorisation pour le propriétaire qui
aurait voulu en faire usage, de manière à ne nuire à l'intérêt de qui
que ce soit), dans lequel j'indiquai, dis-je, les moyens de réduire le
taux de l'argent à 6 pour cent pour le commerce (1) ; et je m'écriais :

____

(1) Tous les négocians qui eurent connaissance de ce projet lui donnèrent leur
assentiment, et l'on ne doutait pas qu'il ne fût adopté par le Gouvernement

« Je conviens que cela sera très-dur pour ces hommes qui ont eu la
» révoltante injustice d'exiger deux , trois, quatre , cinq et jusqu'à
» six pour cent par mois, avec nantissement ; ou bien trouvent-ils
» encore des hommes publics qui ne craignent pas de souiller leur
» ministère en consacrant ce forfait par un acte légal aux yeux de la
» loi ; aussi, de cette manière , parviennent-ils, en peu de temps , à
» dépouiller tantôt le dernier meuble d'une malheureuse famille dont
» les rentes ne sont pas payées ; tantôt le champ d'un cultivateur arriéré
» par un manque de récolte ; tantôt le magasin d'un marchand gêné ,
» par une malheureuse affaire qui lui a ôté tout crédit ; tantôt le do-
» maine d'un propriétaire, forcé de suivre un procès ; tantôt les
» biens futurs d'un jeune homme majeur , entraîné dans la carrière
» du vice, etc., etc. Ces scènes déchirantes d'horreur ont souvent
» retenti jusque dans les tribunaux ; là, ces monstres dorés, pour qui
» les mots sacrés d'*honneur* et *patrie* ne sont rien , la loi à la main ,
» insultaient à leurs victimes ; et le juge , la conviction dans l'âme,
» saisi d'indignation , n'a pu qu'absoudre le coupable et condamner
» l'innocent. » Et j'eus la satisfaction de retrouver littéralement cette
dernière phrase dans le discours de l'orateur du Gouvernement,
chargé de présenter les motifs qui obtinrent le rapport de cette loi désastreuse ; rapport que j'avais sollicité moi-même avec d'autant plus
d'instance, que balancer tous les intérêts et vivifier toutes les branches d'industrie, c'est occuper utilement le peuple ; empêcher autant
que possible la dilapidation des finances, c'est détruire la première
cause des révolutions. Personne ne me contestera ces deux consé-
quences.

---

d'alors. Mais son chef, à la tête d'un million de baïonnettes , me prouva bientôt
qu'il était bien autrement financier que moi. Il paraît que, pour faire rentrer l'argent en France, il était pénétré de cette maxime barbare d'un ancien ministre de
France, qu'avec de l'argent on a des baïonnettes, et avec des baïonnettes on a de
l'argent. La question si Napoléon eût mieux fait, pour le bonheur de la France,
de suivre mon projet que d'exécuter le sien, ne serait pas difficile à résoudre aujourd'hui.

DE LA BANQUE DE FRANCE.

La banque de France, entrant dans cette nouvelle opération de finances, devient, par le fait, véritablement *banque nationale*, à l'instar de celle d'Angleterre.

Les grands avantages qu'elle doit en recueillir par l'étendue de ses opérations, jusque dans les plus petites villes de France, la rendra, par cela même, le grand réservoir de la richesse publique et particulière, où les uns viendront verser et les autres puiser. Son grand crédit, joint à ses immenses capitaux, peuvent seconder puissamment ce nouveau système. Dépositaire des engagemens des propriétaires envers le Gouvernement qui la garantit doublement, son crédit s'accroît avec ses bénéfices. Placée entre tous les intérêts particuliers, elle coopère à leur prospérité, assure et facilite par-là la prompte rentrée des contributions, et tue l'agiotage, de tout temps destructeur de nos finances, en le privant de son aliment; mais il vit encore, il s'agite, il est aux aguets du nouveau système de papier qu'il est question de créer, et sourit d'avance dans l'espoir de dévorer *quelques centaines de millions* sur la somme qu'on a, dit-on, le dessein d'émettre.

Si le projet que je propose était adopté, il est facile de se convaincre que l'agiotage n'aurait rien à y mordre, et que c'est en vain qu'il se battrait les flancs pour en faire baisser le crédit; ce crédit est inné en lui-même, et, s'il en était besoin, un esprit national, pris dans son intérêt bien senti, saura le garantir de toute atteinte qui tendrait à le discréditer.

Quelle est, au reste, la cause principale du discrédit de toute espèce de papier ? N'est-ce pas, d'une part, l'incertitude de la valeur du gage ; de l'autre, l'abus qui naît de la facilité d'en augmenter la masse par de nouvelles émissions? Or cet abus ne peut être à craindre pour ceux dont il est question dans ce projet, parce qu'il est impossible dans l'un et dans l'autre cas. En effet, s'agit-il de l'emprunt en faveur du Gouvernement? La somme en est déterminée par une loi; la base, qui est celle de l'impôt, fait connaître à chaque contribuable quelle est sa quote-part. Or, il a le plus puissant intérêt à ne pas souscrire de contrat au-delà de ce que la loi lui demande.

S'agit-il des contrats volontaires dont on va parler ? D'abord il doit rester démontré par le projet de loi lui - même qu'ils sont plus que garantis ; ensuite, c'est le Gouvernement qui a intérêt qu'il n'en soit pas émis plus qu'il ne l'a permis : ses agens sont responsables de l'exécution de la loi ; ils sont eux-mêmes surveillés non-seulement par des agens supérieurs, mais encore par quiconque peut vouloir prendre connaissance de l'état de l'émission et des biens qui en sont le gage ; et rappelons-nous bien qu'ils ne sortent des mains du propriétaire que pour entrer dans le porte-feuille de la banque de France. Cette res" ponsabilité chez les uns, cette surveillance de la part des autres, en un mot, ce concours de tant de personnes intéressées ne permet pas de penser qu'on puisse passer outre sans s'exposer à être bientôt reconnu, dénoncé, soit par les agens de la banque, soit par tout autre porteur, et puni comme faux monnoyeur. Et d'ailleurs, un propriétaire d'un côté, le conservateur des hypothèques, le contrôleur des contributions, deux officiers publics enfin, de l'autre, tous responsables de leur fait, n'offrent-ils pas toute la sécurité possible ? La crainte d'une connivence coupable entre eux serait absurde autant que chimérique ; ce qu'on vient de dire en détruit jusqu'à l'idée.

DE L'ÉMISSION DES CONTRATS NÉGOCIABLES AU PROFIT DES PARTICULIERS.

Ce projet, que je publiai en décembre 1805, avait pour titre : *Les finances qui reposent sur une bonne agriculture ne se détruisent jamais.*

J'en ai rappelé les principales dispositions dans les premières pages de cet écrit, en traitant de l'emprunt au profit du Gouvernement. Je me bornerai à reproduire ici ce qui seulement est nécessaire à l'emprunt pour les particuliers.

MOYENS D'ÉMISSION.

§' Les moyens d'émission pour les emprunts de particuliers seront les mêmes, quant au fond, que ceux qui ont été indiqués pour l'emprunt national, avec cette différence :

1°. Que s'il existe des hypothèques, même légales, le propriétaire ne pourra créer de contrats négociables que pour les deux tiers de la valeur disponible après la défalcation de toutes les créances hypothécaires (1);

2°. Tout propriétaire qui voudra créer de ces contrats négociables devra se présenter avec son acte de propriété devant le conservateur des hypothèques de l'arrondissement où sont situés ses biens. Celui-ci, conjointement avec le contrôleur des contributions de cet arrondissement, délivrera les effets demandés après un examen préalable de la validité du titre, du tout ou partie de la valeur disponible ci-dessus déterminée; et nul n'a le droit de s'inscrire au préjudice desdits contrats après l'émission, quelle que soit la date de son titre; par une juste réciprocité de garantie, il ne sera accordé ni délivré de contrats négociables à aucun propriétaire qu'après le délai d'un mois, à dater de la promulgation de la loi.

N'en pourra pareillement être créé au préjudice de quiconque se prétendrait créancier d'un propriétaire, bien qu'il fût privé d'un titre légal, et qui, dans le mois de la promulgation de la loi, aurait formé, au bureau du conservateur, opposition à la création d'aucun contrat sur telle ou telle propriété, jusqu'à la levée de ladite opposition, soit par jugement, soit par le consentement de l'opposant.

Tout propriétaire créateur de contrats négociables paiera au conservateur, et à l'instant de chaque émission, un pour cent, tant pour droit d'enregistrement que pour les autres frais (2).

---

(1) Exemple : un immeuble qui paie 100 francs d'imposition, est supposé rendre 500 francs. Ce revenu, au denier 20, représente un capital de 10,000 fr. Il ne pourra être créé de contrats négociables sur cet immeuble que pour 6,666 francs 12 cent. S'il y a des hypothèques, on en défalquera le montant sur le capital, et l'on ne créera de contrat que pour l'équivalent de la somme disponible, déduction faite, et dans les proportions ci-dessus.

(2) Pourquoi un pour cent d'enregistrement? Le propriétaire qui emprunte de la somme, étant supposé le faire pour un surcroît d'amélioration, c'est pour lui un nouveau genre de spéculation qui lui donne le moyen de retirer un plus grand profit de sa chose. Il lui en coûte 5 pour cent, qu'il prend sur ses revenus; mais c'est pour les augmenter davantage. D'ailleurs, ce un pour cent au profit

Pour obvier aux inconvéniens qui pourraient résulter d'une trop grande émission , S. Exc. le ministre des finances, plus à portée de juger de la quantité de valeurs représentatives nécessaire à la circulation, déterminerait la somme pour laquelle il serait à propos de permettre la création de ce nouveau signe, eu égard à la rareté plus ou moins grande du numéraire en France. Il répartirait cette somme par département, et chaque préfet par arrondissement, d'après l'importance des cantons, plus encore d'après les besoins du commerce ; il serait fait défense expresse aux conservateurs de consentir à une émission au-delà de la somme assignée à chaque arrondissement. Une fois cette somme remplie, il paraît de toute justice que le conservateur refuse à un propriétaire nouveau venu la permission de créer une émission au détriment de l'ancien. Celui qui ne pourra pas en créer trouvera une ressource dans les contrats créés par d'autres. La justice veut que la préférence soit accordée au premier occupant.

Je ne pense pas, au reste, qu'on ait lieu de craindre une trop forte émission de papier de ce genre, surtout si l'on réfléchit bien 1°. qu'indépendamment que le propriétaire se prive ainsi d'un revenu bien net de 5 pour cent de la somme empruntée sur sa propriété, son amour-propre souffrant qu'elle soit grevée au vu et au su de tout le monde, il n'émettra que suivant ses besoins ; 2°. que le propriétaire aisé n'en émettra point, parce qu'il n'en aura pas besoin ; 3°. enfin, que celui qui se trouvera forcé d'y avoir recours, n'usera de cette ressource qu'autant que le numéraire sera rare, et conséquemment à un taux au - delà de toute proportion avec les autres valeurs. Or, comme ce système a pour but principal de rendre le numéraire à la circulation, aussitôt, et même à fur et mesure qu'il en paraîtra assez (ce qu'il sera facile de connaître par les offres de 5 pour cent et même au-dessous contre un billet pur et simple, ou à $3\frac{1}{2}$ ou 4 pour cent au plus contre un contrat ordinaire et de longue durée), alors, sans secousse comme sans contrainte, tout rentrera de soi - même dans

---

du trésor public, est nécessaire tant pour l'indemniser des frais de cette nouvelle branche d'administration, que pour remplacer d'autres droits d'enregistrement.

l'ordre naturel. Ce sera ainsi que la masse de l'argent en circulation forcera la masse du papier à se cacher à son tour : semblables à deux amis rivaux qui s'aiment, s'estiment et se recherchent, mais qui ne sauraient se souffrir en présence l'un de l'autre.

On conçoit qu'en déterminant ainsi, au taux fixe de 4 pour cent net, le revenu (1) de toutes les fortunes qui sont garanties par la propriété foncière, principal pivot en France de la fortune publique et particulière, c'est favoriser l'une sans froisser l'autre. D'ailleurs, enfin, comme ces sortes de contrat n'ont aucun cours forcé, et qu'ils doivent se convertir en papier de la banque, qui n'est autre chose qu'un papier de confiance, en prendra qui voudra, et j'ose prédire que n'en aura pas qui voudra. Je le répète, créer un pareil signe représentatif, c'est battre monnaie.

Porter à 4 pour cent le revenu des fortunes, c'est le fixer au plus haut taux du revenu foncier, c'est laisser le champ libre aux capitalistes. Quant à ceux qui n'ont pas l'amour de la propriété foncière, parce qu'ils en craignent les embarras, parce qu'ils aiment par - dessus tout se soustraire aux charges publiques, les propriétés deviendront la garantie de leurs capitaux et l'exact rentrée de leurs revenus; ce qui est très-juste. Une conséquence tout aussi juste, c'est qu'ils ne seront plus les oppresseurs ni du propriétaire, ni du manufacturier, ni du négociant; enfin ce qui doit paraître également juste, c'est qu'ils contribueront à tout vivifier en France, et qu'en résultat ils auront, ainsi que l'homme salarié et le pensionné, tout à meilleur marché. S'il arrivait que quelques uns se plaignissent de ce qu'on s'avise de leur ravir l'initiative et de leur faire la loi, à eux qui étaient depuis long-temps en possession de la faire à tout le monde, alors nous en appellerions, comme d'abus, au tribunal su-

---

(1) La valeur du revenu est le véritable type de la fortune. La preuve, c'est qu'on vit mieux et plus à son aise en France avec 4,000 fr. de revenu, qu'en Angleterre avec 8,000. Faisons en sorte de faire produire le plus possible à notre sol, et surto t ne contrarions plus, par des impôts mal entendus, les espèces de produits qui, non-seulement facilitent nos échanges avec les produits étrangers, mais qui rendent nos voisins nos tributaires.

prême de la justice de tous les siècles ; nous invoquerions les grands principes en notre faveur ; nous dirions que nos anciens législateurs l'avaient ainsi jugé, que c'est un des points principaux consacrés par notre sainte religion, et qu'enfin la chose est sanctionnée par le code des temps les plus anciens.

Ce nouveau système, si je ne me trompe, prouve que la France offre, pour ses finances, le champ le plus vaste, le plus fertile, comme le plus facile à exploiter. Mais ce champ ressemble à la terre, qui veut être doucement pressée pour perpétuer ses produits.

Je me suis pénétré de cette vérité que, dans un état essentiellement agricole tel que la France, le système adopté en finance est, pour le Gouvernement, la boussole qui peut conduire la patrie à sa perte ou à sa prospérité, et faire le bonheur ou le malheur des habitans, depuis le Roi jusqu'au pâtre. Funeste expérience consacrée par la plus désastreuse des révolutions ! Qui refusera de convenir avec moi que c'est par le désordre de nos finances que la nation s'est démoralisée ? que de cette source sont sortis en foule les malheurs qui pèsent aujourd'hui sur nous ? Qui pourra ne pas avouer que c'est au mépris des nombreux avis salutaires qui leur étaient adressés de toutes parts, que d'anciens ministres, et corrompus et corrupteurs, ont mieux aimé perdre le Roi, sa famille, son peuple et la France, en se traînant obstinément dans un système de finances qui faisait frémir la nature (1), que de faire un léger sacrifice de leur orgueil, en écoutant des conseils salutaires ? Puisque c'est-là le principe et la source d'où ont découlé les maux qui accablent aujourd'hui notre malheureuse patrie, maux que les intérêts privés mal entendus, l'égoïsme, les passions, peuvent aggraver encore ; c'est là aussi qu'après avoir sondé la plaie

---

(1) Oui, la nature frémissait à l'aspect de ces innombrables victimes dont on remplissait tous les ans les galères, qu'on pendait par centaines, qu'on rompait journellement au nom du Roi, dont on confisquait les biens au profit d'un ministre et des soixante, et tout cela pour un peu de sel et de tabac, etc. Pourquoi enfreignaient-ils la loi, dira-t-on ? Sans parler de la rapacité des agens qui, à l'instar de celle des maîtres, faisait une foule de victimes, lorsqu'un droit est si disproportionné à la valeur de la chose, l'avidité du gain et la nécessité, a-t on dit de l'homme, l'emportent sur la crainte, et la facilité d'éluder la loi l'avilit.

et calculé que le mal peut faire encore de grands et rapides progrès, j'ai fait en sorte de puiser le remède. Je crois fermement l'avoir trouvé tel qu'il doit convenir à tous indistinctement, parce qu'il est fondé sur les principes éternels de justice et d'équité. C'est par ces mêmes principes, et avec eux seuls, que non-seulement la France, tant par sa position topographique, que par la fertilité de son sol et par l'industrie de ses habitans, n'est destructible que par l'inaction, la division, la destruction ou l'expulsion de ces mêmes habitans ; mais qu'elle peut encore cicatriser promptement ses plaies. Or, c'est par une combinaison d'une extrême simplicité, fondée sur ces mêmes principes étayés de notre nouveau système législatif, d'un gouvernement représentatif et de la responsabilité des ministres, que je promets et me *fais fort*, non-seulement sans injustice, sans nuire à personne, mais encore en faisant et en consolidant le bien général ; je promets, dis-je, de fournir à la fois les moyens de faire marcher les opérations du Gouvernement, de vivifier tous les canaux de la richesse publique et particulière, de maintenir le respect dû à la conservation des intérêts particuliers, de quelque nature qu'ils soient ; enfin, d'éteindre en peu d'années, la dette publique, fût-elle de deux milliards et plus.

Quelque vaste qu'il soit, quelque chimérique qu'il paraisse dans ces temps de calamités, ce plan est d'un succès aussi infaillible que l'exécution en est simple et facile. Il est tout formé. Il y a déjà plusieurs années que j'en ai construit les diverses parties. Je m'occupe de les réunir et d'en former un tout, qui, approuvé par le Gouvernement, pourra, sans secousse, sans contrainte, sans renversement, prendre insensiblement et successivement la place de notre ancien système financier. Nul doute qu'il ne soit agréé du Chef de l'État ; car il s'agit de faire le bien public et particulier. Il est, dans ce genre, d'heureuses innovations à faire ; et quelle époque fut plus favorable que celle où l'édifice social du monde civilisé paraît se dépouiller de tout ancien préjugé, et se reformer sur des bases plus solides et mieux adaptées aux intérêts des peuples et aux lumières du siècle ?

De quelque nombreuses parties que se compose ce plan, il n'en est aucune qui ne soit le résultat d'une longue pratique et d'observations réitérées, et à l'appui de laquelle je ne puisse citer au besoin

'o pinion des hommes les plus respectables, tant anciens que mo-
dernes. Quant à l'ensemble, il est le fruit de mes méditations, ou
plutôt il se compose naturellement de la réunion de ses parties, dont
le Gouvernement est le centre et le régulateur. Et c'est sous ce point
de vue que je dis que ce plan est politique : j'ajoute qu'il est moral,
parce que toutes les sources en sont aussi pures que le résultat (1).

Le grand nombre de personnes qui n'ont jamais entendu parler de
moi, s'étonneront sans doute que je veuille donner au Gouvernement
des plans de finance capables de nous tirer de l'abîme où nous sommes
tombés ; elles demanderont quels sont mes titres, mes recommandations ? Je répondrai que, dans l'affreuse position où se trouve la
France, celui qui donnera le meilleur plan de finance, celui même
qui aura contribué à le faire adopter, aura bien mérité de la patrie ;
que, jaloux d'une aussi noble récompense, je n'ai cessé, comme tout
bon Français, de chercher à contribuer, de *tous mes moyens*, au
bonheur de ma patrie. C'est là, selon moi, c'est là sans doute la plus
belle des recommandations. J'ajouterai cependant que mon nom n'est
point tout-à-fait ignoré de plusieurs hommes d'état ou ministres ; et je
terminerai en citant entre autres cette phrase d'une lettre qui me fut
adressée par un homme qui fut long-temps le premier administrateur
de mon département: « J'ai vu dans vos ouvrages, Monsieur, l'homme
» qui paie à sa patrie le tribut de ses lumières, en se montrant animé
» du meilleur esprit et de la passion du bien public. »

F. J. MILLON, propriétaire, ancien juge au tribunal
de commerce de Châlons-sur-Saône.

____

(1) Mirabeau a dit : « Le vœu des honnêtes gens serait que la morale fût appli-
» quée à la science du gouvernement. C'est un rêve, dira-t-on. Si c'est un rêve,
» ajoutait-il, qu'on ne me parle plus de morale. »

Espérons que ce ne sera plus un rêve sous le gouvernement paternel qui nous
est enfin rendu ; et que nous ne tarderons pas à voir se discréditer cet adage long-
temps consacré en France par l'expérience, qu'avec le Gouvernement il faut être
ou voleur ou volé.

____

De l'Imprimerie de POULET, quai des Augustins, n°. 9.